Manfred Millhoff

Fabeln für Kids

Bibliografische Information der Deutschen Nationalbibliothek: Die Deutsche Nationalbibliothek verzeichnet diese Publikation in der Deutschen Nationalbibliografie; detaillierte bibliografische Daten sind im Internet über dnb.dnb.de abrufbar.

© 2019 Manfred Millhoff

ISBN 978-3-7347-8731-7
Herstellung und Verlag:
BoD-Books on Demand, Norderstedt

Von Manfred Millhoff sind bereits erschienen:

Die Varusschlacht - Anatomie eines Mythos
ISBN 3-89009-823-1

Die „Varusschlacht" – eine Erfindung der augusteischen Propaganda!
ISBN 978-3-8423-3002-3

Die Varusschlacht Vom Mythos zur Wahrheit
ISBN 978-3-7481-8871-1

Nachdruck oder Vervielfältigungen, auch auszugsweise, bedürfen der schriftlichen Zustimmung des Verlages. Alle Rechte liegen beim Autor
Druck: Bod.de
Umschlaggestaltung: Tom Oliver Millhoff London 9 Jahre
Illustrationen: Manfred Millhoff Unna

für

Tom Oliver

Manfred Millhoff
Fabeln für Kids

Fabeln sind seit ehedem
Für die meisten unbequem,
Alldieweil sie unumwunden
Werden als Kritik empfunden.
Dabei halten sie nur schlicht
Uns den Spiegel vors Gesicht
Und beleuchten insoweit
Unsere Befindlichkeit.
Da sie aber dazu neigen,
Fehler schonungslos zu zeigen,
Schlagen Fabeln sozusagen
Manchem Leser auf den Magen,
Denn natürlich tut per se
Wahrheit in der Regel weh.
Ich deshalb hab fein dosiert
Hier die Menschen karikiert,
Dass sich jeder frage nun:
Was für mich ist opportun?
Bin ich also, welche Krux,
Eher Löwe oder Fuchs?
Oder stellt sich jetzt heraus,
Dass ich letztlich eine Maus?

Gedanken, die Äsop einst hatte,
Will ich in Verse setzen,
Damit die Menschen an den Lehren,
Könn' ihren Geist ergötzen.
Spürt jemand danach aber Lust,
Dies Werk zu kritisieren,
Weil hierin Tiere karikiert
Mit menschlichen Allüren,
So wisset, wer die Wahrheit liebt,
Schwebt ständig in Gefahr.
Der Menschen Fehler stell'n sich drum
In Fabeln leichter dar.

Das Rotkelchen

Man sagt, als einst auf Golgatha,
Ein Vogel Jesu leiden sah,
Sei er gleich, ohne nachzudenken,
Geflogen zu dem Delinquenten
Und wischte aus Barmherzigkeit
Behutsam mit dem Federkleid,
Trotz Strafandrohung vom Gericht,
Dem Mann das Blut aus dem Gesicht.
Begann dann aus der Dornenkron',
Nicht wissend, dass das Gottessohn,
Die Stacheln einzeln, wie es schien,
Mit seinem Schnabel auszuziehn.
Darauf sprach zu ihm Jesus Christ:
„Zum Dank, dass du so mutig bist
Und hast dich ganz alleine jetzt
Aus Mitleid für mich eingesetzt,
Trägst du in Zukunft allezeit
Auf deiner Brust ein rotes Kleid."

Der Frosch und der Ochse

Ein Frosch besieht auf einer Weide
Sich öfters eines Ochsen Bauch,
Ob dessen Größe voller Neide
Spricht er zu sich: „Das kann ich auch."
Er bläst – leicht glätten sich die Falten –
Und bläst und bläst mit starkem Stoß,
Kaum kann er all die Luft noch halten,
Schon fragt er: „Bin ich ähnlich groß?"

„Nein", klagt der Freund, „noch lange nicht."
Nun bläst der Frosch aus jeder Lage,
Zur Kugel wird das Froschgesicht,
Und nochmals dann die gleiche Frage.

Dieselbe Antwort wird ihm wieder,
Drauf bläst der Frosch mit Grimm wie toll.
Bald knacken hörbar seine Glieder,
Doch das Ergebnis ist nicht doll.
Jetzt nimmt er seine Kräfte all
Und bläst, dass sich die Balken biegen,

Da gibt es plötzlich einen Knall,
Und unser Frosch zerfetzt bleibt liegen.

Man sollte Größe nicht beneiden,
Die Fabel lehrt's aus gutem Grunde.
Wer's trotzdem tut, wird heftig leiden
Und geht letztendlich vor die Hunde.

Der Wolf und der Kranich

Ein Wolf verschlang einst hastig
Das Bein von einem Huhn,
Das blieb im Hals ihm stecken,
Was Knochen gerne tun.

Der Wolf schrie auf vor Schmerzen
Und schwur beim Herrgott dann:
„Wer mich vom Schmerz befreie,
Ist ein gemachter Mann!"

Ein Kranich, der ihm glaubte
Und in der Heilkunst kund,
Zog ihm mit seinem Schnabel
Den Knochen aus dem Schlund.
Als er den Lohn nun wollte,
Ließ Isegrim ihn wissen:
„Sei froh und ewig dankbar,
Dass ich nicht zugebissen."

Drum merk auch du dir immer:
„Hilf keinem Bösewicht,
Denn zahlen tut der selten
Und dankbar ist er nicht."

Die Grille und die Ameise

Es tanzte eine Grille
Im hellen Sonnenlicht
Und ließ von ihrer Geige
Den ganzen Sommer nicht.
Grad während sie beim Spielen
In wilden Rhythmen steppt,
Sieht sie, wie eine Ameis'
Beschwerlich Lasten schleppt.
„Komm mit! Wir wollen tanzen
Die Polka jetzt zu zweit,
Der Sommer währt nicht lange,
Dann ist für Arbeit Zeit!"

Die Ameis' wischt sich ächzend
Den Schweiß vom Angesicht:
„Ich muss für Vorrat sorgen,
Sonst langt's im Winter nicht."

„Was kümmert mich der Winter,
Ich tanze hier und nun,
Die Arbeit kann ich später
Im Herbste auch noch tun."
So spricht die kleine Grille
Und tanzt mit ihrer Geige,
Bis auf den weiten Feldern
Der Sommer geht zur Neige.

Im Winter leidet schnelle
Die Grille große Not,
Drum bittet sie die Ameis'
Um etwas trocken Brot.

„Im Sommer hast beim Tanzen
Du Arbeit nicht geliebt,
So geige nun im Winter,
Bis man dir Nahrung gibt."

„Drum sorg auch du beizeiten
Für Speise und für Trank,
Dann stirbst du nicht als Bettler
Und schuldest keinem Dank."

Der Fuchs und die Trauben

Ein Fuchs mit ständig leerem Magen
Konnt' nirgends Beute fangen,
Da sah er plötzlich reife Trauben
An einer Mauer hangen.

Dem Blicke folgte gleich die Tat,
Er sprang und sprang. – Jedoch –
Er konnt' die Reben nicht erlangen,
Der Weinstock war zu hoch.

Im Gehen sprach er dann zu sich:
„Die Trauben mir nur schaden,
Sie sind kaum reif und sicher sauer,
Drum will ich sie nicht haben."

„Was du nicht kannst erreichen",
So sprach Äsop mit Recht,
„Das gönne halt den andern
Und mach es drum nicht schlecht."

Der Wolf und das Lamm

Ein Wolf stand einst am Bache
Und labte sich am Nass,
Da sah er weiter abwärts
Ein Lamm, das trank und fraß.

Vor Wut schrie gleich der Räuber:
„Du unverschämtes Tier,
Was trübst du mir das Wasser,
Von dem ich trinke hier!"

Das Lamm bat um Vergebung
Und sprach: „Mein Herr! Seit wann
Sagt mir, wie ist es möglich,
Dass Wasser fließt bergan?"
Beschämt ob dieser Worte,
Der Wolf erzürnte sich:
„Du schmähtest doch schon einmal
Im letzten Winter mich!"
„Das kann, mein Herr, nicht stimmen!"
So blökte jetzt das Schaf,
„Denn ich war nicht geboren,
Als euch die Schmähung traf."

„Verdammt!", brüllt nun der Wolf,
„Was soll denn das Theater?"
Er greift das Lamm und spricht:
„Dann war es halt dein Vater."

Mit falschen Gründen wird seit je
Das Gute stets gequält,
Denn Bosheit macht erfinderisch
Und leider das oft zählt.

Der Fuchs und der Rabe

Ein Rabe hatte ganz gewitzt
Ein Stückchen Käse sich stibitzt
Und saß mit ihm im Schnabel
Auf eines Astes Gabel.
Da kam von ferne mit Verlangen
Geradewegs ein Fuchs gegangen,
Der dacht' beim Nähertraben:
Den Käse musst du haben.
Schon sprach er mit erhabnem Blick:
„Oh, Meister Rabe, welcher Schick!

Nie sah ich weit und breit
Ein solches Federkleid.
Man rühmt zudem von euch im Land
Zur Schönheit auch noch den Verstand,
Mir schwinden fast die Sinne,
Wenn ähnlich eure Stimme!"
Der Tölpel will dem Fuchs nun zeigen,
Welch holder Sang ist ihm zu eigen,
Da fällt – beim hohen C –
Der Käse, ach herrje!

Der Fuchs, den diese Dummheit freute,
Schnappt gierig sich die Käsebeute.
Der Rabe aber stumm
Sich selber sagt: „Wie dumm!"

„Lobt man dich übern grünen Klee",
Wie hier der Fuchs den Raben,
„Dann frag dich immer stante pe',
Was will man von dir haben?"

Das ungehorsame Lamm

Ein Lämmchen graste abseits
An einem Walde gern,
Da hörte es ein Rascheln,
Als ob dort Wölfe wär'n.
Es schrie aus Leibeskräften,
Die Mutter kam geschwind:
„Das sind doch nur die Blätter,
Die wiegen sich im Wind!"

„Zu Hilf'! Der Wolf, der Wolf!"
So rief es bald zum Spaß.
Die Mutter lief und mahnte:
„Mein Kind, was soll denn das?"

Nun schlich sich einmal leise
Feind Isegrim ans Lamm.
„Der Wolf!", erklang es wieder,
Doch diesmal keiner kam.

Den Ruf zwar alle hörten,
Nur niemand hat's geglaubt.
Heut aber war er's wirklich
Und hat das Lamm geraubt.

Wer ständig ruft zum Spaße
Um Hilfe ungeniert,
Der wartet meist vergeblich,
Wenn's wirklich mal pressiert.

Die stolze Krähe und die Pfauen

Einst nahm mit Hochmut eine Krähe
Die Federn eines Pfau'
Und schmückt' sich abwärts bis zur Zehe,
Sie war halt eine Frau.
Nun dünkte sie sich voller Stolz
Viel besser als die Krähen

Und schlug ein Rad vom hohen Holz,
Dass es die Pfauen sehen.
Doch diese, weil das Rad misslungen,
Zerrupften ihr Gefieder,

Drauf ist die Krähe rasch gesprungen
Zu ihrer Sippe wieder.
Dort wurde sie mit Schimpf und Schande
Von allen laut begrüßt,
Und für den Spott an ihrem Stande
Hat sie noch lang gebüßt.

„Du sollst, nimm dieses als Lektion,
Dich nicht mit fremden Federn kleiden,
Sonst erntest du nur Spott und Hohn,
Und wirst daran noch lange leiden."

Der Prahlhans

Einer, der gar oft auf Reisen,
Prahlte häufig hinterher:
Was und wie und welcher weisen
Alles ihm gelungen wär.

Insbesondre ging das Springen
Dort auf Rhodos ganz extrem,
Keiner hätt' vor allen Dingen
Solche Sprünge je gesehn.

Jemand, den das Prahlen störte,
Sprach zu ihm: „Mein lieber Alter!
Ganz enorm, was ich da hörte,
Doch: hic Rhodos et hic salta!"

Die Fabel dich vor allem lehrt:
„Geschwätz klingt immer gut und schön,
Jedoch sind Taten erst was wert,
Wenn deine Augen sie gesehn."

Der Fuchs und der Storch

Ganz vornehm und verführerisch
Lud einst der Fuchs den Storch zu Tisch,

Dort reichte er als Festmenü
Auf flachen Tellern eine Brüh'.

Der Storch fühlt' bald in seinem Magen
Wie überall ein Unbehagen,
Denn alldieweil er Hunger litt,
Fraß Meister Fuchs mit Appetit.
Beim nächsten Mal lud Adebar
Den Fuchs zu Sekt mit Kaviar.
Jedoch von Rachedurst geleitet,
Hatt' er sich gründlich vorbereitet
Und trug darum das ganze Essen
Herein in halsigen Gefäßen.

Der Hausherr mit dem langen Schnabel
Fand seine Mahlzeit formidabel,
Zumal der Fuchs dabei vergeblich
Mit Kohldampf um die Flaschen schlich.

Drum merke dir vor allen Dingen:
„Wie du hineinrufst in den Wald,
Wird es in deinen Ohren klingen,
Wenn es als Echo widerhallt."

Die Weihe und die Tauben

Die Weihe wollte Tauben jagen
Und hatt' dabei kein Glück,
Stets kehrte sie mit leerem Magen
Frustriert zum Nest zurück.

Es scheint, dacht sie, verdammter Mist,
Dass Tauben mir nicht liegen,
Deshalb kann ich sie nur durch List
In meine Krallen kriegen.

Schon sprach sie zu dem Taubenmann:
„Warum denn Angst und Schrecken,
Wo ich doch Schutz gewähren kann
Und euch den Rücken decken?
Drum rat ich ohne Heuchelei,
Wählt mich, wenn ihr erlaubt,
Falls ihr wollt leben sorgenfrei,
Zu eurem Oberhaupt."

Die Tauben denken: Gar nicht schlecht,
Die Sache klingt nicht dumm.

Doch bald herrscht sie nach Weihenrecht
Und bringt sie einzeln um.

Wer mit dem Bösen sich verbindet
Und meint, dass das ihn schützt,
Der meistenteils am Ende findet:
Es schadet mehr, als dass es nützt.

Die Esel und die Räuber

Zwei Esel trabten arg beschwert
Mit Lasten übers Land.
Der eine mit den Barren Gold
Ging stolz und arrogant.
Das Herz des andern mit dem Korn
War neidisch unterkühlt,
Weil er ob seiner Lasten schon
Sich unterlegen fühlt'.

Da plötzlich brachen wilde Räuber
Aus einem Hinterhalt
Und nahmen sich das ganze Gold
Mit Brachialgewalt. –

Der Stolze leckte bitter nun
Sein ramponiertes Fell,
Dieweil enteilte sichtlich froh
Der mit den Körnern schnell.

Die Armut ist zwar sehr betrüblich
Und fade sowieso,
Doch auch der Reichtum hat Probleme
Und steckt voll Risiko.

Der Fuchs mit dem verlorenen Schwanz

Ein Fuchs, befreit aus einer Falle,
Verlor dabei auch seinen Stert
Und fand aus Scham sein Fuchsenleben
Seitdem nur halb so lebenswert.
Um diesen Makel zu verbergen,
Riet er, das hätt' er liebend gerne,
Für jeden Fuchs von Vorteil wäre,
Wenn man den blöden Schwanz entferne,
Denn der sei groß und äußerst hässlich
Und auch beim Laufen eine Last.
„Dein Rat ist schlecht", sprach jetzt ein Zweiter,
„Weil du allein den Nutzen hast!"

Äsopus sprach: „Dies lass dir sagen,
Wenn jemand rät dir irgendwas,
Dann solltest du dich immer fragen,
Ja wem am Ende nützt denn das?"

Der Hirsch an der Quelle

Ein Hirsch sah an der Quelle
Sein Bild im Wasser stehn
Und dacht für sich im Stillen:
Mein Gott, was bin ich schön!
Schau nur auf meinem Kopfe
Die Krone reich verzweigt!
Doch als sein eitles Auge
Verliebt sich abwärts neigt,

Bemerkt er voll Verachtung,
Wie dünn die Lenden sind.
Da – hört er plötzlich Jäger
Und flieht zum Wald geschwind.

Als dort im Unterholze
Verfängt sich sein Geweih,
Naht schon des Jägers Meute
Und reißt sein Fell entzwei.
Doch noch im Sterben schreit er:
„Mein Gott! Ich Idiot!
Was ich im Leben lobte,
Das bringt mir nun den Tod.
Zu spät! Erst jetzt erkenn ich,
Ich blöder, eitler Narr,
Dass das, was ich verachtet,
Am Ende nützlich war."

Die Grille und die Eule

Äsop spach von „humanitas"
Zu Bürgern von Athen
Und dacht sich eine Fabel aus,
Damit sie ihn verstehn:

Es geigte täglich wie besessen
Ein Heimchen immerzu
Und raubte ständig folgedessen
Der Eule ihre Ruh.

Als diese bat: „Sei endlich stille
Und mittags nicht so laut",
Da hat verständnislos die Grille
Die Eule angeschaut

Und zupfte trotzdem ihre Saiten
Mit wilderem Elan,
So dass zu allen Tageszeiten
Die Eul' nicht schlafen kann.
Bald dachte diese voller Wut:
Wie kann es mir gelingen,
Den unverschämten Tunichtgut
Am Tag zur Ruh zu bringen?

„Welch hohe Kunst", so sprach sie bald,
„Entlockst du deiner Geige.
Ich will, dass man dein Spiel im Wald
Dem ganzen Tierreich zeige."

Die eitle Grille vom Applaus
Fühlt sich enorm geehrt.
Sie fliegt verzückt zum Eulenhaus
Und wird da prompt verzehrt.

„Drum denk daran, bevor's dich reut",
So sprach Äsopus weiter,
„Dass Übermut und Eitelkeit
Sind schlechte Wegbegleiter!"

Der habgierige Hund

Einst lief mit einem Knochen
Ein Hund am See vorbei,
Da sah er dort im Wasser
Sein spiegelnd Konterfei.

Im Glauben, dass ein Zweiter
Verfolgte seine Spur,
Schaut' gierig er zum Knochen
In dessen Schnauze nur.

Schon schnappte nach der Beute
Wie wild der arme Tor,
Gleich fiel sein Stück ins Wasser,
So beides er verlor.

Wer fremdes Gut begehret
Und das passiert ja oft,
Verliert sehr häufig alles
Meist gänzlich unverhofft.

Die Diebe und der Esel

Ein Esel groß und gut gebaut,
Der wurd' von Dieben einst geklaut,
Und diese haben kurz darauf
Ihn feilgeboten zum Verkauf.

Bald gab es, da sie ja zu zweit,
Bei diesem Handel plötzlich Streit
Und beide dann traktierten sich
Mit Hieb und Tritt ganz fürchterlich.

Inzwischen nahm ein andrer dann
Sich heimlich dieses Esels an.

Den Esel man vergleichen kann
Mit dem Besitz vom armen Mann.
Die Diebe aber und dergleichen
Entsprechen den gewieften Reichen,
Jedoch bei Streit, und das ist bitter,
Bekommt die Beute oft ein Dritter.

Die Stadtmaus und die Landmaus

Die Stadtmaus lud zum Feste
Den Vetter ein vom Land,
Hierzu nahm sie das Beste,
Was sie im Laden fand.

Auf einem Türkenteppich
Wurd' grandios diniert
Und beide haben köstlich
Dabei sich amüsiert.
Das Essen war vorzüglich,
Der Wein der Ehren wert,
Doch plötzlich, wie's hier üblich,
Hat Lärm das Mahl gestört.

Als es dann stark rumorte,
War'n beide ganz verschreckt
Und haben sich soforte
Im Kellerloch versteckt.

Nachdem vorbei der Krach,
Denn der Alarm war blind,
Die Maus zum Vetter sprach:
„Lasst tafeln uns geschwind!"

„Oh Bas', mir ist vergangen",
Sprach der, „mein Appetit.
Ich still drum mein Verlangen
Bei mir zu Haus, komm mit,
Da können wir dann essen
In Ruhe ganz getrost,
Und dort infolgedessen
Schmeckt uns auch Hausmannskost!"

Die Eiche und das Schilfrohr

Die Eiche neigt' zum Schilfrohr sich
Und sprach: „Mein lieber Freund, du hast
Ein härtres Schicksal als wie ich,
Denn selbst ein Spatz wird dir zur Last
Und auch des Windes leiser Hauch
Im Regelfalle schon genügt,
Dass, wenn er streichelt meinen Bauch,
Er dich bereits zur Erde biegt.

Hab Acht, wenn hier der Nordwind bläst
Und stürmt mit seiner ganzen Kraft,
Dann steh ich auf dem Boden fest,
Dieweil er dir zerknickt den Schaft.

Oh wüchsest du in meinem Schatten,
Ich könnt' dich hüten und beschützen!"
Das Schilfrohr aber sprach: „Gestatten,
Mein Freund! Was soll dein Schutz mir nützen?
Dein Angebot freut mich von Herzen
Und steht dir prächtig zu Gesicht,
Doch sorg dich nicht um meine Schmerzen,
Ich bieg mich nur und breche nicht."
Die Antwort kaum verklungen war,
Da stürmte es mit aller Macht.
Das Schilf sich neigt, der Baum steht starr,
Bis er im Sturm zu Boden kracht.

So geht's, wer mit geschwellter Brust
Blickt stetig nur noch himmelwärts,
Erleidet meistens beim Verlust
Für seine Hoffart auch noch Schmerz.

Der Rat der Ratten

Ein Kater namens Nimmersatt,
Der Appetit auf Ratten hatt',
Hat stets bei Tag wie auch bei Nacht
Auf alle Ratten Jagd gemacht.

Drum wagten sich seitdem vor Schreck
Die Ratten nie aus dem Versteck
Und es begann sie bald zu plagen
Der Durst wie auch der leere Magen.
Ganz plötzlich dann, wie jedes Jahr,
Verringerte sich die Gefahr,

Weil Nimmersatt auf Freiersfuß
Die Katzenwelt beglücken muss.
Das Rattenvolk deshalb kam drum
Zusammen zum Konsilium
Und man beriet sich hin und her,
Wie dieses Los zu wenden wär,

Bis eine just nach vorne lief
Und in die Rattenmenge rief:
„Man könnt' ein Glöcklein allenfalls
Dem Kater binden um den Hals,
Dann wüsste jeder unbedingt,
Wenn dieses Glöcklein mal erklingt,
Dass unser Kater, wie gesagt,
Befindet sich auf Rattenjagd!"
Da dies der beste Vorschlag war
Und man kein andres Mittel sah,
Besprach man sich: „Wie kann's gelingen
Die Glocke an den Hals zu bringen?"

Die Eine sprach: „Hab keine Zeit."
Die Zweite gleich: „Es tut mir leid."

Die Dritte dann: „Bin ich plemm, plemm!"
So fand sich schließlich keine denn.

So ist das halt auf dieser Welt:
Ein jeder sich für klüger hält
Und jeder gibt dir guten Rat,
Doch keiner wagt dann auch die Tat.

Der Kampf der Mäuse und der Wiesel

Vom Wieselheer im Kampf geschlagen,
Ging es den Mäusen an den Kragen,
Doch viele retteten sich noch
Und fanden schnell ein Mauseloch.
Die Feldherrn aber steckten alle
Mit ihren Helmen in der Falle,
Denn mit den großen Hörnern just
Und all den Orden auf der Brust,
Da konnten sie sich zum Verrecken
Nicht mal im eignen Loch verstecken.
Sie wurden drum und folgedessen
Mit Haut und Haaren aufgefressen.

„Die Lehre ist", so sprach Äsop,
„Gerät ein ganzes Volk in Not,
Kann sich der kleine Mann verstecken,
Jedoch den Führern droht der Tod."

Die Fledermaus und die zwei Wiesel

Einst hat sich eine Fledermaus,
Verirrt in eines Wiesels Haus.
Verdammt, dacht sie und sie erblasste,
Weil dieses Wiesel Mäuse hasste
Und sich bereits die Lippen leckte,
Als es die Fledermaus entdeckte.

„Welch Glück", sprach's Wiesel, „will ich meinen,
Ihr Mäuse mit den Krallenbeinen
Durchlöchert mir mein Jagdrevier,
Drum fress ich euch stets mit Pläsier."
„Oh, halt!", rief da die Fledermaus,
„Seh ich wie eine Maus denn aus?"
Dabei begann sie sich zu recken
Und ihre Flügel auszustrecken.

Das Wiesel sah es gottergeben
Und ließ das Flattertierchen leben.
Doch kurz danach erneut passierte,
Dass sich das Krallentier verirrte.
Jetzt blieb es ohne Hilfe hängen
In eines andren Wiesels Fängen.
Nur liebte dieser Wieselherr
Besonders Vögel zum Dessert.

Als nun die Fledermaus das sah,
Da fühlte sie ihr Ende nah.
Sie trotzdem sprach zum Wieselmann:
„So sieh mich nur genauer an.
Mein Fell, mein ganzer Habitus,
Ist alles Maus von Kopf bis Fuß."

Deswegen kam, mit Glück dabei,
Auch hier das Fledermäuschen frei
Und rettet' zweimal so sein Leben
Allein durch kluges Antwort geben.

Bei Menschen weiß fast jedes Kind:
Wer ständig dreht sich mit dem Wind,
Der lebt im Ganzen zwar bequem,
Doch ist er nicht sehr angesehn.

Der Löwe und die Mücke

Einst setzte sich grad vis-à-vis
Die Mücke auf des Löwen Knie.
„Du miese Ausgeburt der Erde!
Du widerlicher Intrigant!
Ich dir jetzt Beine machen werde!"
Schrie gleich der Löwe wutentbrannt.

Darauf die Mücke ganz empört
Hat ihm sofort den Krieg erklärt:
„Meinst du, weil du der König hier,
Dass ich deshalb gehorche dir?

Denn selbst die Ochsen, die an sich
Viel stärker sind, die hör'n auf mich."
Noch kaum gesagt, schon in der Tat
Sie gleich den Leu gestochen hat.
Dann sticht ihn diese Maledeite
Mal vorn, mal rückwärts in die Seite.

Der Löwe brüllt wie wild und rast,
Dreht sich im Kreise voller Hast
Und er kommt nimmermehr zur Ruh,
Denn dieses Biest sticht immerzu.

Doch schließlich, als sie ganz zuletzt
Ihm auch die Nase noch verletzt,
Da schlägt der Löwe voller Pein
Mit seinen Pranken auf sich ein
Und ging dann später an der Wunde
Letztendlich jämmerlich zu Grunde.

Die Mücke fand das ganz pompös
Und sie erzählte allen dös,
Doch abgelenkt durch dies Geschwätz
Verfing sie sich im Spinnennetz.

Wer grade richtig zugehört,
Den hat die Fabel jetzt gelehrt:
Dass immer eine Chance hat
Selbst David gegen Goliath.
Doch wer jedoch mal unbedacht
Dann nur den kleinsten Fehler macht,
Verliert im Siegestaumel eben
Ganz unverhofft das eigne Leben.

Die Fliege und die Ameise

Erbittert hatte einst die Ameis'
Mit einer Fliege heftig Streit:
Wer größere Bedeutung habe
Und auch berühmter weit und breit?
„Du kannst dich niemals mit mir messen,
Weil ich in aller Welt bekannt!
Wenn's mir gefällt", so spricht die Fliege,
„Sitz ich beim König auf der Hand.
Ich tue nichts und schmause trotzdem
Bei jedem Fest vom Kaviar
Und koste selbst das Opferfleisch
Noch vor den Göttern am Altar."
„Du liebst zwar Speisen und Altäre",
Darauf die fleiß'ge Ameis' sagt:
„Doch du bist niemals eingeladen
Und wirst von jedem gleich verjagt.
Ich sammel sommers für den Winter,
Dich nähren auch mal Mist und Müll.
Bei Wärme kreist du zwar recht emsig,
Jedoch im Winter bist du still,
Dieweil schon leichter Frost dich tötet.
Ich habe dann ein Nest zum Glück
Und warte ohne große Sorgen,
Bis dass der Sommer kommt zurück."

Die Fabel mahnt vor allem Menschen,
Die sich am eitlen Ruhm ergötzen
Und preiset die, die ihn stattdessen
Durch ihre Leistung tun ersetzen.

Die zwei Esel

Zwei Esel trugen voller Qual
Die Lasten über Berg und Tal,
Wobei der eine in den Säcken
Hat kiloweise Salze stecken
Und schwitzte drum bei jedem Schritt.
Der andre ging mit leichtem Tritt,
Denn er trug fröhlich mit Entzücken
Nur tausend Schwämme auf dem Rücken.

So ging es langsam mit Verdruss
Hinab zu einem nahen Fluss.

Dort stürzte sich der mit dem Salz
Gleich in die Fluten bis zum Hals
Und war drum plötzlich insoweit
Von seiner schweren Last befreit.

Als dieses nun der andere sah,
Was hier mit dem Kumpan geschah,
Da wälzte, man kann's fast vermuten,
Er ebenfalls sich in den Fluten.
Jedoch bei ihm, das war das Tolle,
Es saugten sich die Schwämme volle
Und dadurch dann, welch Ironie,
Zwang diese Last ihn in die Knie.

Doch die Moral von der Geschicht'
Vergisst du auch in Zukunft nicht:
Denn wenn auch zwei dasselbe tun,
Muss das Ergebnis, was je nun
Man letzten Endes tut erreichen,
In jedem Falle sich nicht gleichen.

Der Affe und der Delphin

Ein Affe und sein edler Herr,
Die kreuzten übers Mittelmeer,

Als eine Bö sie mit sich riss
Und gegen eine Klippe schmiss.

Gleich nach des Affen Hilfeschrei
Kam ein Delphin am Ort vorbei.

„Bist du ein Mensch?", fragt dieser ihn,
„Dann bring ich dich zur Küste hin,
Denn wir sind jeder allezeit
Zu allen Menschen hilfsbereit."

„Natürlich", sprach der Affe da,
„Bin ich ein Mensch, das ist doch klar,
Und hast du später mal Probleme,
Besuch mich ruhig in Athene,
Dieweil, ein Glücksfall gradezu,
Bin ich mit allen dort per du."
„Dann kennst du", sprach der Fisch, „gewiss
Ganz sicher Herrn Akropolis?"
„Oh, Herr!", sprach gleich der Affe, „der
Ist lang mit mir befreundet sehr.
Wir haben ins Gespräch versunken
Gar manche Flasche Wein getrunken."
Bei diesen Worten der Delphin
Genauer sah zum Affen hin,
Da wurd' ihm plötzlich sonnenklar,
Dass dieser Mensch ein Affe war.

„Wie dumm!", sprach er deshalb zu sich
Und ließ das Affentier im Stich.

Die Dummheit ist bei Mensch und Tier
Ein weitverbreitetes Pläsier,
Drum sollt' man besser sie verschweigen
Und keinesfalls so offen zeigen.

Die Maus, der Hahn und der Kater

Die Maus ganz allgemein nicht prüde
Und auch im Ganzen fürsorglich,
Die suchte, des Alleinseins müde,
Für diesen Winter Freunde sich.
Da traf, wie es der Zufall wollte,
Sie plötzlich zwei gar schmucke Herrn.

Der eine mit der Zunge rollte
Und krähte ständig laut und gern.

Doch, wie er auf den Beinen stand,
Mit Helmbusch hinten, Schnabel vorn
In seinem wilden Kriegsgewand
Hielt sich die Maus fast für verlorn.

Sie zog's deshalb zum andren hin,
Der auf der Straße ausgestreckt
Sein dichtes Fell aus Karmesin
Mit sanfter Zunge sauber leckt'.

Als sie dann sah die gleichen Ohren
Und wie er schnurrt' so angenehm,
Da hat sie ihre Furcht verloren,
Und diesen Herrn als Freund gesehn.

Die Maus fühlt' sich sofort geborgen
Und ruhte zwischen seinen Pfoten,

Jedoch bereits am nächsten Morgen
Befand sie sich im Reich der Toten.

Man sucht sich seine Freunde nicht,
Das wissen selbst schon die Kalfakter,
Nicht nur allein nach dem Gesicht,
Man wählt sie besser nach Charakter.

Der Eber und der Fuchs

Der Eber wetzte seine Hauer
Im Schweiße seines Angesicht'.
Ein Fuchs, der ihn dort schwitzen sah,
Der fragt', denn er verstand das nicht:
„Was tust du da, wo hier kein Jäger
Und nirgends droht dir jetzt Gefahr?"
„Ich mache das", so sprach der Eber:
„Denn ist der Notfall erstmal da,
Bin ich sofort zum Kampf bereit,
Um dann mit meinen Zähnen gleich
Selbst stärk're Feinde anzugreifen,
Und töten sie mit scharfem Streich."

„Die Fabel lehrt", so spach Äsop,
„Dass nur, wer immer dergestalt
Sich vorbereitet auf Gefahr,
Der bleibt meist Sieger und wird alt."

Die Hündin und ihre Freundin

Frau Hündin schlief mit schwangrem Bauch
Im Winter jede Nacht im Freien,
Drum bat sie, wie's ist guter Brauch,
Die Freundin ihr ihr Haus zu leihen.

Jedoch als dann nach hundert Tagen
Das Wochenbett vorüber ist,
Da will, da sie die Kinder plagen,
Frau Hündin eine neue Frist.

Letztendlich nach fast einem Jahr
Die Freundin spricht: „Genug der Faxen!
Ich will mein Haus, verdammt noch ma',
Denn deine Kinder sind erwachsen!"
Da grinst die Hündin: „Liebe Frau,
Siehst du die Zähne meiner Kinder?
Wenn du mich rausschmeißt, gibt's Radau
Und dich zerreißen viele Münder."

Und die Moral von der Geschichte:
„Verleihe nichts an Bösewichte,
Dieweil du kriegst die guten Stücke
Von ihnen nimmermehr zurücke,
Und selbst, wenn du nur wenig leihst,
Nehm' sie sich alles, allermeist."

Die Frösche forderten einen König

Sich einst beklagte Attika,
Wie hart die Knechtschaft quält.
Äsop hob seinen Finger da
Und hat dann dies erzählt:

Als Sümpfe noch wie Sümpfe waren
Und auch die Frösche frei,
Begannen alle wie Barbaren
Mit wilder Streiterei.
Die Reden wurden zügellos
Und Sitten galten wenig,
Da rief ein Frosch: „Herr, gib uns bloß
Jetzt endlich einen König!"
Gottvater Zeus verkniff sein Lachen
Und ließ vom Himmel her
Ins Wasser einen Balken krachen,
Dass der ihr König wär.

Gar bald bemerkte Frosch für Frosch,
Der König blieb ja stille,
Selbst wenn man spuckte und auch drosch
Auf seine spröde Hülle.
Die Frösche klagten jetzt: „Herrgott!
Was hilft uns dieser Tropf,
Wenn jeder treibet mit ihm Spott
Und tanzt auf seinem Kopf?"
Hier Vater Zeus wurd' böse nun:
„Den Frevel sollt ihr sühnen!"
Er ließ den Stamm im Sumpfe ruhn
Und schickt' die Schlange ihnen.

Die fraß die Frösche wie kommod,
So dass die meisten flohn.
Der Rest wandt' sich in seiner Not
Erneut an seinen Thron.

„Ich habe", Vater Zeus blieb hart:
„Auf die Geduld gesetzt,
Doch da ihr ungeduldig wart,
Tragt auch das Unheil jetzt."

Der unzufriedene Pfau

„Mein Gott!", beklagte sich der Pfau:
„Ist es gerecht in meinem Fall,
Dass du die Stimme gabst allein
Der unscheinbaren Nachtigall?
Ihr Lied wird allseits hochgepriesen,
Jedoch sobald ich aufgemacht
Den Schnabel, um mit ihr zu singen,
Werd' ich von allen ausgelacht!"
Der Herrgott sprach zu ihm mit Milde:
„Du bist der Schönste weit und breit,
Beim Rad erstrahlt im Sonnenglanz
Wie Edelstein dein Federkleid."
Der Pfau darauf voll Ungeduld:
„Die stumme Schönheit, Herr, mich grämt,

Weil dieser Vogel beim Gesang
Mich Tag für Tag aufs neu beschämt."
„Ich gab", so sprach nun streng der Herr,
„Euch allen ganz bestimmte Gaben.
Die Schönheit dir, dem Adler Kraft,
Die Deutungskraft allein dem Raben,
Die Krähen ließ ich Zukunft sehen
Und singen halt die Nachtigall.
Dies hielt ich so von Anfang an
Und bisher wart ihr glücklich all!"

Doch leider war der Pfau ein Narr,
Vom Neid zerfressen wurd' er krank
Und lag bald ohne seine Federn
Ganz nackt und tot auf einer Bank.

Drum merke dir: „Streb niemals nie,
Nach dem, was Gott nicht gab,
Sonst bringt enttäuschte Hoffnung dich
Schon bald ins frühe Grab."

Die Frösche, die den Kampf der Stiere fürchten

Ein Frosch saß voller Angst im Sumpf,
Als er den Kampf der Stiere sah.
„Gefahr!", rief er in höchster Not.
Ein andrer fragt': „Was schreist du so?
Die streiten sich doch immerzu
Und allgemeines Pipapo."
„Gewiss, wenn dieser Streit entschieden,
Dann werden die, wie's oft geschieht,
Die hier am Ende unterliegen,
In unsren Sümpfen sich verstecken
Und wir, Gefahr auf unser Haupt,
Bald unter ihrem Huf verrecken."

Die Kleinen, lehrt die Fabel hier,
Das galt und gilt zu allen Zeiten,
Die werden stets den Schaden haben,
Wenn sich die Großen heftig streiten.

Der Schuster als Arzt

Ein Schuster, der um Geld verlegen
Aufs Heilen sich besann,
Vermischte Aqua pur verwegen
Mit etwas Lebertran.
Obwohl, was man erwarten muss,
Die Tropfen ohne Stoff,
Gelangt' sein Ruhm als Medikus
Zum fernen Königshof.
Der König ließ den Meister holen
Und sprach: „Was dich betrifft,
Entschärfe diese Giftphiolen
Mit deinem Gegengift."
Der falsche Arzt führt', fast entseelt,
Zum Mund die Giftmixtur.

„Oh Herr, vergib! Ich hab gefehlt!
Ich bin ein Schuster nur!"
Der König nimmt die Glasphiole
Und blickt zum Schuster hin:
„Zum Wohl dir Scharlatan! Zum Wohle!
Denn hier ist Wasser drin.
Doch werd' ich dir die Tat vergeben
Und will" – der König lacht –
„Allein der Dummheit Prügel geben,
Die dich berühmt gemacht."

„Fang besser niemals an zu lügen",
Äsop schwur es bei Gott:
„Denn Schwindler häufig Prügel kriegen
Und Dummheit erntet Spott."

Der alte Wolf

Ein Wolf einstmals herrschte in seinem Revier
Mit grausamer Härte und maßloser Gier.
Als nun denn im Alter wurd' zahnlos sein Biss,
Als mühsam er kaum noch die Beute zerriss,
Bemerkte der Stier diese Schwäche sofort
Und hat ihm sein Horn in die Rippen gebohrt.
Bald kam auch der Eber, den einst er verletzt',
Der hat in der Wunde die Hauer gewetzt.

Dann folgten die Füchse, die Krähen und Spechte,
Sie alle ihn quälten, ein jeder sich rächte.
So musste das Alter mit grässlichen Qualen
Die Taten der Jugend letztendlich bezahlen.

„Was du niemals möchtest, das man dir tu,
Das füge erst recht einem andern nicht zu."

Der treue Hund

Einst gab ein Dieb dem Wachhund Brot,
Als er zum Stehlen ging,
Und hoffte, dass dies Angebot
Bei diesem auch verfing.

Jedoch der Wachhund war gewitzt
Und sprach zu sich: „Sei helle!
Der will, dieweil er hier stibitzt,
Dass ich ihn nicht verbelle."
Kaum ist der Dieb, ganz im Vertrau'n
Der Wachhund sei d'accord,

Geklettert auf den Gartenzaun,
Schon knurrt er: „Sieh dich vor!"

„Falls jemand dir, der dir nicht liegt,
Geschenke plötzlich macht,
Pass auf, dass er dich nicht betrügt,
Und gib drum doppelt Acht!"

Der Bauer und der Fuchs

Dem Fuchs, der jedes Weinbergs Feind,
Ein Bauer spielte einen Streich.
So band er Werg an seinen Schwanz
Und das fing Feuer alsogleich.
Der Fuchs floh drum in seiner Angst
In großer Panik auf die Schnelle
Zum nahen Weinberg dieses Bauern.
Natürlich brannte auf der Stelle
Der ganze Weinberg lichterloh.
Jetzt war der neunmalkluge Bauer,
Weil seine Ernte war perdu,
Sowohl bankrott wie stinkesauer.

„Du sollst stets Milde walten lassen
Und deine Wut bezwingen,
Die Fabel zeigt das", sprach Äsop,
„Sonst wird's nur Schaden bringen."

Der Löwe und die Maus

Den Löwen fragte höflich
Einst eine kleine Maus,
Sie zöge gern, wenn möglich,
In seines Nachbarn Haus.

Der Löwe knurrte böse:
„Du wagst es mich zu stören!
Ich will für dein Getöse
Zur Strafe dich verzehren."

„Oh, Herr! Ihr müsst nicht schelten
Mit mir, der armen Maus,
Ich will es euch vergelten,
Nur bitte, lasst mich raus."
Der Löwe gähnte gnädig:
„Erzähl hier keine Witze,
Wozu ist mir als König
Dein Angebot schon nütze?"
Trotzdem ließ er die Beute
Und spielt' den edlen Herrn,
Das tät er wohl noch heute,
Wenn nicht die Jäger wär'n.

Sein Schicksal sich erfüllte,
Gefangen lag der Leu,
Obwohl er wütend brüllte,
Das Netz ging nicht entzwei.

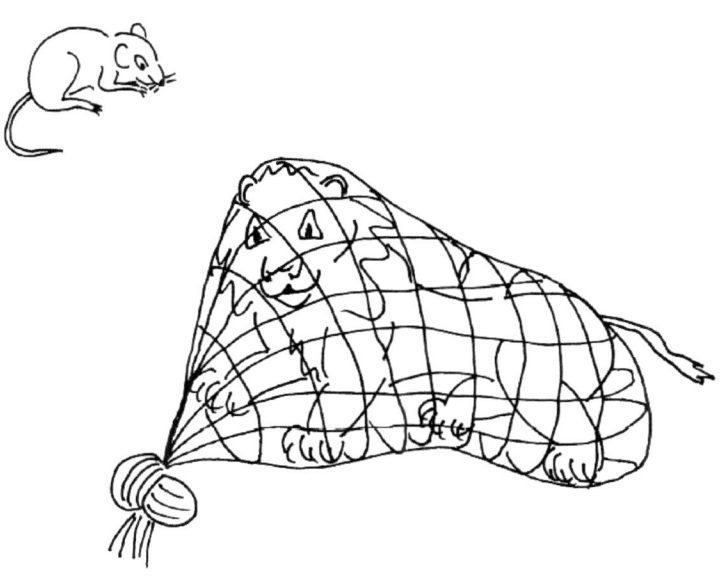

Bald dachte er betroffen:
Was nützt mir meine Kraft?
Ich habe nichts zu hoffen
In der Gefangenschaft.
Da kam, bevor es tagte,
Die kleine Maus herbei.

Die Fesseln sie zernagte,
Schnell war der Löwe frei.

Drum lass auch dir jetzt sagen:
„Sei gut zu Groß und Klein.
Wer weiß, in schlechten Tagen
Kann's für dich nützlich sein?"

Die Frösche an den Sonnengott

Ein Gauner wollte Hochzeit halten,
Da klatschte alle Welt.
Äsop zog seine Stirn in Falten
Und hat dann Folgendes erzählt:

Als einst vermählte sich die Sonne,
Erhob ein Frosch Geschrei.

Bald quakten alle voller Wonne,
Das rief den Vater Zeus herbei.

Der fluchte grimmig, laut vor Zorn:
„Was soll denn das Gequake?"
Drauf alle: „Unsern Lebensborn
Dörrt eine Sonne schon zur Lake.

Wenn diese beiden Hochzeit machten
Und auch noch Kinder kriegen,
Dann werden wir vor Durst verschmachten,
Weil alle Wasser bald versiegen."

„Gib niemals Beifall", sprach Äsop,
„Im Leben unbedacht,
Denn wird das Ganze mal ein Flop,
Wirst du zum Schuldigen gemacht."

Der Wolf und der Hund

Per Zufall schleppt die dünnen Glieder
Der Wolf zum Wachhund hin.
Gleich reibt er seine Augenlider
Und fragt verwundert ihn:
„Wie kommt's, obwohl ich tapfrer bin
Und stärker auch als du,
Dass ich so mager und so dünn
Und hungre immerzu?"

„Auch du brauchst nie mehr Hunger leiden",
So spricht zum Wolf der Hund,
„Kannst essen reichlich und mit Freuden,
Bis du wirst kugelrund."

„Was denn", fragt jener, „muss ich tun?"
„Du müsstest lediglich",
So bellt der feiste Hund, „je nun!
Zu Diensten sein, wie ich."
Der Wolf denkt gleich mit Wohlbehagen,
Solch Los ist schwer mitnichten,
Jedoch auf Schnee und leeren Magen
Da könnt ich gut verzichten.
„Viel besser ist es außerdem",
So knurrt er schon ergeben,
„Bei guter Speise und bequem
Im warmen Haus zu leben."
„Nun komm jetzt mit! Ich werde fragen
Den Herrn auf alle Fälle."
Da sieht der Wolf am Hundekragen,
Parbleu, 'ne kahle Stelle.

Im Laufen ruft er: „He, stopp halt!
Trägst du nicht eine Kette?"
Der Wachhund drauf: „Die lässt mich kalt,
Ich trag sie nur im Bette."

„Mein lieber Freund!", der Wolf jetzt spricht,
„Die Freiheit ist ein Gut,
Das man für keine Speise nicht
So schnell verschenken tut."

Der Panther und die Hirten

In einem Graben saß gefangen
Ein Panther ganz allein,
Deshalb die Hirten fröhlich sangen
Und tanzten Ringelreihn.

Bald warfen sie aus Übermut
Mit Stöcken, Kot und Dreck,
Der Panther kochte drob vor Wut
Und rührt' sich nicht vom Fleck.

Doch mancher aus der Menschenmasse
Gab ihm auch heimlich Brot,
Dass er, wenn er sein Leben lasse,
Nicht hungre bis zum Tod.

Die Hirten aber ließ das kalt,
Sie feilschten um sein Fell,
Der Panther sich erholte bald
Und sprang ins Freie schnell.

Die Bestie kam jedoch zurück
Und riss mit Appetit
Die Ziegen einzeln Stück für Stück
Und auch die Hirten mit.

Nun flohen alle ganz entsetzt,
Selbst die, die ihn geschont.
„Ich will", so sprach der Panther jetzt,
„Dass jeder wird belohnt!

Wer mich bewarf mit Dreck und Kot,
Der fürchte meinen Biss,

Doch wer mir half in meiner Not,
Den schone ich gewiss."

„Beklage nun dein Los nicht mehr,
Du wirst sonst nicht sehr alt:
Denn Gleiches wird seit alters her
Mit Gleichem heimgezahlt!"

Der Affe als König

Als einstmals sich die Tiere trafen
Auf freiem Feld zur Königswahl,
Da sah man plötzlich einen Affen
Jonglieren kunstvoll einen Ball.

Dazu schnitt er dann auch Grimassen
Zu aller Tiere Gaudium.

Das Volk deswegen, nicht zu fassen,
Erwählte ihn zum König drum.
Weil nun der Affe nicht regierte,
War bald der ganze Staat bankrott

Und als man dann den Hunger spürte,
Verjagte man den Idiot.

„Die Fabel ist", Äsopus grient,
„Für alle ein gescheiter Rat:
Denn jedes Volk hat auch verdient
Stets die Regierung, die es hat."

Der Thunfisch und der Delphin

Den Thunfisch jagte ein Delphin
Durch Wellenberg und –tal,
Doch jener schwamm pfeilschnell dahin
Und dreht' sich hundertmal.

Schon bald verließ ihn seine Kraft,
Deshalb sein Vorsprung schwand,

Jetzt spülte, fast hätt' er's geschafft,
Das Meer ihn an den Strand.

Als dort er noch nach Atem rang,
Da lag gleich neben ihm,
Und er fand dieses amüsant,
Der sterbende Delphin.

„Selbst Not und Elend", wie ihr seht,
„Lässt leichter sich ertragen,
Wenn's allen andern schlechter geht
Und auch die Nachbarn klagen."

Der Löwe und der Fuchs

Ein Löwe, der aus Altersgründen
Für sich konnt keine Nahrung finden,
Den zwangen Hunger und Beschwerden
Zur List, um endlich satt zu werden.
Drum legt' er sich in eine Höhle
Und als man fragte: „Was ihm fehle?"
Stöhnt' er: „Durch Krankheit folgedessen
Kann ich im Augenblick nicht fressen."
Deswegen bat er: „Seid so nett,
Besucht mich doch am Krankenbett."
Auf diese Weise hat er meist,
So manches Tier allein verspeist.
Ein Fuchs jedoch, der ihn wollt' sehn,
Blieb einfach vor der Höhle stehn.
Der Löwe dadurch ungehalten
Sprach zu dem Fuchsen dergestalten:
„Warum tritts du nicht ein, mein Lieber?"
„Ich bleib, denn du bist ein Betrüger,
Weil viele Spuren führen rein
Und keine raus, wie kann das sein?"
So hat die reine Vorsicht eben
Dem schlauen Fuchs bewahrt sein Leben.

Die Klugen sind und das ist gut,
Stets vor Gefahren auf der Hut.

Der Hahn in der Sänfte

Wär's nicht zum Weinen, wär's zum Lachen,
Was Mensch und Tier für Unsinn machen.
Da gab es einen stolzen Hahn,
Ein Schwerenöter und Galan,
Der ließ sich fast an allen Tagen
Zum Hof in einer Sänfte tragen.

Die Sache wär auch bloß ein Schmarrn,
Wenn nicht die Träger Katzen warn.

Ein Fuchs, der diesen Aufzug sah,
Der warnte ihn vor der Gefahr:
„Ich seh's in ihren Augen heute,
Sie tragen statt der Bürde Beute."

So kam es, als der Katzenmagen
Den Hunger kaum mehr konnt' ertragen,
Da nahmen sie mit einem Mal
Den stolzen Hahn als Mittagsmahl.

„Wenn du dich wiegst in Sicherheit
Tagtäglich allzu sehr,
Siehst du Gefahren mit der Zeit
Deswegen nimmermehr."

Die Krähe und der Ziegenbock

Auf eines Bockes Rücken
Saß eine Krähe gern
Und pickte mit Entzücken
Dem Bock auf das Gehörn.

Natürlich schmerzt' die Wunde,
Drum sprach der Bock zu ihr:
„Wenn ich wär eins der Hunde,
Oh, Herrgott gnade dir."

„Ich weiß auf wem ich sitze",
Der Krähe Antwort war,

„Und wem ich Wunden ritze
Und wo mir droht Gefahr."

So geht es alle Tage
In jedem Amte oft
Und man wird ohne Frage
Gequält dort unverhofft.

Die Gans, die goldene Eier legte

Merkur, bekannt als Götterbote,
Wurd so von einem Mann verehrt,
Dass er ihm schenkte eine Gans,
Die goldne Eier ihm beschert'.
Jedoch ein Ei pro Tag nicht reichte,
Der Mann wollt' schließlich deutlich mehr
Und weil er glaubt', dass in der Gans
Der Bauch voll goldner Eier wär,
Drum schlachtet' er das arme Tier.
Allein die Gans war innen leer,
Deshalb als Folge seiner Gier
Bekam er keine Eier mehr.

„Die Gier ist schlecht", so sprach Äsop,
„Dieweil im Falle eines Falles
Verführt sie dich etwas zu tun
Und dadurch dann verlierst du alles."

Der Hirsch im Weinberg

Vor Angst ein kapitaler Hirsch
Im Weinberg sich versteckte,

Sodass der Jäger auf der Pirsch
Ihn nicht darin entdeckte.
Da nun vorüber die Gefahr
Beging der Hirsch Verrat,
Denn als er all die Blätter sah,
Fraß er sich erst mal satt.

Doch leider nach dem Mittagsmahl
Der Jagdherr kam zurück
Und, da der Weinberg jetzt ganz kahl,
Schoß er ihn ins Genick.

Wer selber stets mit Bosheit zahlt
Für gute Taten dann,
Kriegt der auch seine Strafe halt
Ganz sicher irgendwann.

Der Bauer und die Schlange

Einst war im tiefen, kalten Winter
Das Land mit Eis und Schnee bedeckt,
Da hat ein Bauer eine Schlange,
Die steifgefroren war, entdeckt.
Aus Mitleid mit dem armen Tier
Hat er ein Feuer angefacht,
Allmählich dadurch war ganz langsam
Die Schlange wieder aufgewacht.
Doch mit dem Leben kam die Bosheit,
Sie biss den Retter, oh mein Gott,
Der Bauer fiel sofort in Ohnmacht
Und war am nächsten Morgen tot.

Für Hilfe und auch Freundschaftsdienste,
Das ist die Lehre der Geschichte,
Kriegt man im Leben niemals Dank
Von einem echten Bösewichte!

Der Wolf und die Schafherde

Ein Wolf umkreist seit langem
Die Schafe jede Nacht,

Doch kann er keine fangen,
Weil sie ein Hund bewacht.

Bald spricht er zu den Schafen:
„Ich geb' euch die Gewähr,
Dass ihr könnt ruhig schlafen,
Wenn dieser Hund nicht wär.

Der Köter spinnt Intrigen,
Deshalb bin ich verpönt,
Und wir uns nur bekriegen,
Weil der mich stets verhöhnt."
Die Schafe wollen Frieden,
Man schasst darum den Hund.

Der Wolf ist hoch zufrieden
Und leckt sich seinen Mund.

„Du siehst, was dir passiert,
Wenn Pazifisten siegen,
Dann die Gewalt grassiert
Und es gibt keinen Frieden."

Der Schuldner und sein Schwein

Es lebte einstmals in Athen
Ein hochverschuldeter Mäzen.
Als der jedoch in seiner Not
Sein letztes Schwein zum Kauf anbot,
Da fragte ihn ein Int'ressent,
Ob mit der Sau man züchten könnt?

„Dies ist", so sprach der Schuldner da,
„Ein wunderbares Exemplar,
Denn Ostern wirft sie von alleine
In jedem Jahr stets viele Schweine,
Doch Pfingsten, das ist bares Geld,
Bringt sie auch Keiler noch zur Welt
Und zu Silvester dann erblicken
Das Licht der Erde zahme Zicken."

Ja leider dreht in unsrer Welt
Sich alles um das liebe Geld,
Darum wird allerlei gesponnen,
Um es in den Besitz zu kommen.

Der Bauer und seine Söhne

Ein Bauer sah, dass seine Erben
Sich ständig heftig stritten,
Drum ließ er, als er lag im Sterben,
Ans Krankenbett sie bitten.

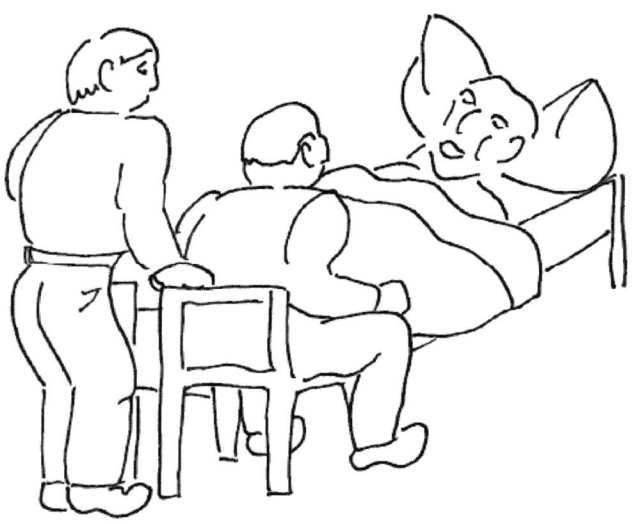

„Versucht doch", fing er an zu sprechen,
„Ob ihr dies Bündel schafft,
Ohn' fremde Hilfe zu zerbrechen
Allein durch eure Kraft."

Dann gab, als keinem es gelang,
Er jedem einen Ast,
Den brachen sie mit Sang und Klang
Mit einem Finger fast.

„Ihr seht", der Alte sprach, „ihr seid
Alleine leichte Beute,
Beendet endlich euren Streit
Und steht zusammen heute."

Alleine, das ist die Moral,
Alleine ist man schwach,
Jedoch gemeinsam allemal
Besiegt man Ungemach.

Der Löwe und der Esel

Ein Löwe ging mit einem Esel
Zusammen auf die Jagd.
Als sie zu einer Höhle kamen,
Der Leu zum Langohr sagt:
„Dort drinnen sicher sich verstecken
Gar viele kleine Ziegen,
Die sollst du durch Iah verschrecken,
Damit wir alle kriegen."
Kaum ist der Esel mittendrinnen,
Schreit er so laut er kann.
Die Ziegen voller Angst entrinnen
Ins Maul des Löwenmann.
Das Langohr fragt danach den Leu:
„War ich nicht wunderbar?"
Der lacht: „Auch ich hätt' Angst und Scheu,
Wenn du nicht schriest Iah!"

Ein Prahlhans, da ist nichts zu machen,
Meist von Experten erntet Lachen.

Der Fuchs und der Ziegenbock

Ein Fuchs in einen Brunnen fiel
Und saß dort gegen seinen Willen.
Da kam ein Bock ans gleiche Ziel,
Um hier jetzt seinen Durst zu stillen.

„Wie schmeckt das Wasser?", fragt' der Bock.
„Oh Mann", sprach Reineke voll List,
„Es schmeckt fast wie ein steifer Grog
Und jeder Schluck ganz köstlich ist."

Der Bock darauf sprang gleich hinein,
Der Fuchs jedoch nahm ganz gewitzt
Das Horn des Bocks als Leiterlein
Und dieser jetzt dort unten sitzt.

„Lass dich mit keinem Schlaukopf ein",
Äsopus warnte immer wieder,
„Das kann stets nur dein Schaden sein,
Dieweil du oft bleibst zweiter Sieger."

Der Affenkaiser

Ein Lügner und ein Ehrenmann,
Die reisten um die Welt
Und wurden plötzlich im Sudan
Vom Affenvolk umstellt.
Sofort befiehlt die Affen all
Der Kaiser jetzt zu sich
Und spricht zum Lügner: „Sage mir
Ganz ehrlich, wer sind wir?"
„Du bist der Kaiser", lügt der Mann,
„Und ihr hier die Partei."

Der Affenkaiser lässt sodann
Den Lügner freudig frei.
Nun alle in Erwartung gaffen,
Was nun der Zweite spricht:
„Ihr seid natürlich alles Affen,
Denn Lügen liegt mir nicht."

Es folgt ein heftiges Palaver,
Die Affen sind empört,

Deshalb schon balde sein Kadaver
Im Wüstensande dörrt.

Siehst du, so ist es überall:
„Wer Wahrheit liebt muss leiden,
Der Lügner kommt in diesem Fall
Am weitesten von beiden.
Jedoch die Wahrheit erntet Ruhm,
Man flicht ihr Lorbeerkränze,
Dem Lügner aber noch posthum
Wünscht man die Pestilenze."

Der geschwätzige Spatz

Ich kannte einen Spatzenherrn,
Der schwatzte für sein Leben gern,
Und wenn es jemals unter Spatzen
Gab irgendetwas zu beschwatzen,
Dann sprach er nur; – (Punkt Komma Strich)
Wie jeder Schwätzer über sich.

Als einmal nun ein Spatzenpaar
Sich rühmte seiner Kinderschar,
Da rief der Spatzenherr: „Hört! Hört!
Dies Lob ist falsch und ganz verkehrt,

Ihr solltet dann mal, bitte schön,
Erst meine Kinder euch besehn!"

Damit flog er gleich ohne Pause
Direkt zu seinem Spatzenhause.
Doch objektiv, was soll ich sagen,
Dort ganz normale Spatzen lagen.

Dies wär nun freilich immerhin
Im Ganzen auch nur halb so schlimm,
Wenn nicht, das war ja die Misere,
Die Katz in Nachbarsgarten wäre.

Die hörte nämlich das Geschrei
Und schlich sich unbemerkt herbei,

Dann ist sie plötzlich aufgesprungen,
Und hat die Spatzenbrut verschlungen.

„Drum merk dir", sprach der Fabeldichter,
„Dass jedes Ding hat zwei Gesichter:
Viel Reden ist zwar manchmal gut,
Doch oft man besser schweigen tut."

Der Löwe und der Fuchs

Der Löwe, müde vom Regieren,
Sprach einstmals so zu seinen Tieren:
„Der Fuchs, als meine rechte Hand,
Bekommt jetzt das Ministeramt
Und ist ermächtigt bei Verbrechen
In meinem Namen Recht zu sprechen."
Das ging auch gut für lange Zeiten.
Nie gab es Frust und Schwierigkeiten,
Bis einer aus des Löwenbrut,
Ein übler Kerl und Tunichtgut,
Begann zu töten ohne Plan,
Was ihm so vor die Pranken kam.

Als alle Tadel hier nichts nützten
Und auch Verbote keinen schützten,
Da ging der Fuchs zum alten Leu
Und sprach zu ihm: „Bei meiner Treu!
Sie müssen, Sire, den Sohn beschwören
Sofort mit Töten aufzuhören,
Sonst kämpft und wird sich bald befehden
Im Tierreich jeder gegen jeden."

„Du wagst!", der Löwe brüllt vor Wut,
„Zu klagen gegen meine Brut!
Beim Jupiter! Ist es zu fassen?
Verdammter Fuchs, du bist entlassen!"

Wer immer Wahrheit trägt im Munde,
Erlebet manche bittre Stunde,
Weil selbstverständlich alle Fürsten
Zwar nach der Wahrheit ständig dürsten,
Jedoch sie dann in ihrem Magen
Selbst fein dosiert nur schlecht vertragen.

Der Esel und die Krähen

Ein Esel schlug aus Übermut
Nach einem Wesperich,
Der stach darum ins Auge ihn,
Das schmerzte fürchterlich.
Sofort lief er in seiner Pein
Zum Nachbarn, Doktor Krähe,
Damit der sich sein Missgeschick
Aus nächster Näh besähe.

„Ei guck!", rief dieser, „oh, Müsjöh!
Welch hübsche Bagatelle!"
Und pickt ihn dann ganz unbedacht
Auf die besagte Stelle.
Den Armen traf es wie ein Blitz.
„Du gottverdammtes Vieh!"
Schrie er und wälzte sich vor Schmerz,
„Mein Auge ist perdu!"
Sogleich erhob der Esel Klage,
Um sich sein Recht zu holen,
Doch leider saßen dort im Amt
Als Advokaten Dohlen.

„Herr Richter!", sprach der Esel nun,
„Durch Schuld des Krähendoc
Geh ich als Krüppel durch die Welt
Mit einem Blindenstock!"
Danach trat dann als Zeuge auf
Professor Doktor Rabe,

Der meinte schlicht: „Das Leiden hier
Fast jeder Esel habe
Und, da deshalb das Langohr schon
Auch vorher kaum noch sah,
Stellt dies im Ganzen in der Tat
Kein Folgeschaden dar."
So kam es, wie es kommen musst',
Das Urteil wurd' gefällt.
Der Esel zahlte zum Verlust
Am Ende auch noch Geld.

Du siehst: „Wenn Dohlen Krähen richten
Und Raben Zeugen sind,
Kratzt eine Kräh' die andre nicht
Und unser Recht wird blind."

Der Löwe, der Wolf und der Bär

Einst fraß der Löwe zum Dessert
Genüsslich süße Honigwaben.
Schon schlich ein böser Wolf daher
Und wollte ebenfalls sich laben.
Doch kaum war er herangekrochen,
Bemerkte Leu den Honigdieb.
Gleich fing er wütend an zu kochen
Und gab ihm einen Tatzenhieb.

Als kurz danach jedoch ein Bär,
Obwohl geschwächt und leicht marod,
Ihm trotzdem höflich und primär
Bescheiden seinen Gruß entbot,

Da sprach zu ihm erfreut der Leu:
„Nimm dir, weil du bescheiden bist,
Als Lohn der Tugend ohne Scheu
Vom Honig hier, was übrig ist."

„Im Tierreich wird heut garantiert",
Die Fabel hat es dich gelehrt,
„Bescheidenheit noch honoriert
Und auch als Tugend hoch verehrt.
Dagegen wurd' der Mensch erzogen
Und so von Jugend an getrimmt,
Dass überall der Ellenbogen
Allein noch seinen Wert bestimmt."

Der Fuchs und der Gänserich

Als Rinke Fuchs, wie's oft geschah,
Von Hasen nur die Hacken sah,
Da knurrte er mit leerem Bauch:
„Verdammt noch mal, 'ne Gans tät's auch!"
Schon holte er bei Mondschein sich
Den ersten besten Gänserich.

Doch dieser bat ihn voller Nöten:
„Bevor du tötest, lass mich beten!"
Der Fuchs, obwohl kein Kirchenmann,
Schien von dem Wunsche angetan,
Denn selbst für ihn war allezeit
Ein frommer Braten – benedeit.

Dieweil nun weckte das Geschnatter
Des Gänserichs gleich den Gevatter,
Der hat dann mit dem Schrottgewehr
Dem Fuchs vermasselt den Verzehr.

Das Fazit ist: Wer in der Not
Gleich aufgibt, ist so gut wie tot.
Jedoch mit Köpfchen sozusagen
Kann man dem Tod ein Schnippchen schlagen.

Der Fuchs mit dem Blähbauch

Rinke Fuchs roch, was für'n Traum,
Einst in einer Sommernacht
Fleisch und Brot in einem Baum
Und das Alles unbewacht.
Kaum, dass er's gesehen hatt',
Kroch er durch ein enges Loch
In den Stamm und fraß sich satt.
Bald allmählich war jedoch
Es für eine Flucht zu spät,
Denn sein Bauch im Augenblick
War nicht nur ganz aufgebläht,
Sondern auch erheblich dick.
Trotzdem hat er oft versucht,
Durch den Ausgang sich zu zwängen,
Doch er blieb, wobei er flucht,
Stets im engen Loche hängen.
Auf des Fuchsen Wutgebrüll,
Kam ein andrer Fuchs herbei.
„Hungre", riet er, „und sei still,
Dann bist du bald wieder frei."

Mit Geduld löst sich sehr oft
Ein Problem ganz unverhofft.

Der Fuchs und der Hahn

Ein Fuchs vom Kampfe müde
Zog sich zurück aufs Land,
Um dort nun zu genießen
Sein Alter unerkannt.

Nur leider in der Nähe,
Da wohnte auch ein Hahn,
Der kannte ihn von früher
Als wilden Jagdkumpan.
Drum schrie er jeden Morgen
Hinaus in alle Welt,
Was er von seinem Nachbarn
Dem greisen Fuchsen hält.

Besorgt um seine Ruhe,
Sprach der zum Hahn also:
„Lass mich in Frieden leben,
Dann mach ich's ebenso."
Jedoch der Hahn war närrisch
Und rief laut: „Kikriki!
Ein Fuchs bleibt stets ein Mörder,
Denn so was gibt sich nie!"
Jetzt Rinke Fuchs wurd' böse,
Drum schlich er sich bei Nacht

Klammheimlich auf den Gutshof
Und hat ihn umgebracht.

„So wird dir leider Vieles
Ja oft genug vergällt,
Nur weil's dem lieben Nachbarn
Ganz einfach nicht gefällt."

Der Fuchs und der Dachs

Im Tierreich herrschte Wohnungsnot,
Drum zog ein Fuchs allein
Auf eines Dachsen Angebot
In dessen Bau zur Miete ein.
Nun jagt', da Dachse nachtaktiv,
Der Fuchs zur Morgenzeit
Und so, weil immer einer schlief,
Gab es natürlich keinen Streit.
Doch wurd' der Fuchs bald mit Fortune
Direktor einer Bank,
Am Grimmbart Dachs nun störte ihn
Nebst Kumpanei auch der Gestank.
Der Meister sprach deshalb zum Dachsen:
„Du bist, sieh's endlich ein,
Jetzt meiner Stellung nicht gewachsen,
Drum wohn ich besser hier allein."

Der Fuchs mocht' bitten, drohen, schnauben,
Der Dachs setzt' sich zur Wehr:
„Du könntest mir mein Haus nicht rauben,
Selbst wenn dein Freund der König wär!"
Jetzt wurd' der Streit zu blindem Hass,
Die Luft roch nach Intrige.
Der Fuchs sann ohne Unterlass,
Wie er des Dachsen Wohnung kriege.
Ganz heimlich unterhöhlt er schnelle
Bei Tag die schmale Schlucht,
Durch die der Dachs stets von der Quelle
Den Weg zu seiner Röhre sucht.
Kaum ist das üble Werk vollendet,
Der Fuchs putzt noch sein Fell,
Da plötzlich naht, das Los sich wendet,
Des Jägers Meute mit Gebell.

Der Fuchs muss sich gewaltig strecken
Und will zurück zum Dachs.
Zu spät bemerkt er voller Schrecken
Die Falle unter sich und.....knacks!
Der Dachs seitdem ist guter Ding',
Und findet es famos,
Denn, weil der Fuchs sich selber fing,
Ist er den Quälgeist endlich los.

Wer andern eine Grube gräbt
Und fällt dann selbst hinein,
Verdient kein Mitleid, denn er trägt
Die Schuld an seinem Los allein.

Das Frettchen und der Fuchs

Ein Frettchen wollt' vor ein paar Tagen
Gemeinsam mit dem Fuchsen jagen.
„Ich bin", so sprach es, „schlank und klein
Und komm in jede Röhre rein.
Wenn dann die Hasen voller Schreck
Verlassen kopflos ihr Versteck,
Kannst du sie schnappen ohne Müh,
Bis dass es reicht für zwei Menü'!"
Dem Vorschlag folgte gleich die Tat,
Doch als der Fuchs gefressen hatt',
Da packt' er seine sieben Sachen
Und hielt sich seinen Bauch vor Lachen.

Das Frettchen aber dacht' für sich:
Mein lieber Freund, ich räche mich.
Gleich nahm es sich bei vollem Lohn
Den Förster selbst als Schutzpatron
Und leerte nun nach dem on dit
Die Bauten seines „cher ami".

Der Fuchs fand allerdings seitdem
Sein Lachen nur noch halb so schön.

„Mein Freund, bleib ruhig und schweig still,
Falls man auch dich verarschen will,
Denn stets am meisten Freude macht,
Wenn selber man als Letzter lacht."

Der Wolf und der Fuchs

Einst treffen sich beim ersten Schnee
Der Wolf und Meister Fuchs zum Tee.
Als beide dort mit leerem Magen
Ihr Missgeschick der Jagd beklagen,
Spricht Rinke Fuchs: „Herrgott noch mal!
Ich weiß ein exzellentes Mahl,
Doch müssen wir gewitzt und klug
Zusammen gehn auf Beutezug!"
Gesagt, getan - rasch schleicht im Wind
Der Wolf zum Hühnerhof geschwind.
Bei seinem Anblick gleich die Hennen
Dem Fuchsen in die Arme rennen.
Alsbald dann nach geglückter Jagd
Der Wolf den Fuchs getroffen hat,
Klagt dieser mürrisch und beklommen:
„Die Beute leider ist entkommen."
Jetzt Isegrim heult auf vor Wut:
„Woher stammt denn das Hühnerblut?

Betrüger du! Du Bösewicht!
Ich bringe dich vors Tiergericht!"

Der Rabe nahm von Amtes wegen
Die Klage Isegrims entgegen,
Doch krächzte er mit seinem Schnabel:
„Der Vorwurf ist zwar diskutabel,
Doch alldieweil der Wolf im Land
Als Dieb und Lügner ist bekannt,
Deshalb weis ich nach Aktenlage
De iure ab die Schadensklage."

„Drum lern auch du aus der Geschichte,
Dass heute selbst gilt bei Gerichte:
Wer einmal lügt, dem glaubt man nicht,
Und wenn er auch die Wahrheit spricht."

Der hungrige Wolf

Als einst in kalter Winterszeit
Der Hunger herrschte weit und breit,
Geschah es, dass am Wegesrand
Der Wolf ein frisches Fischlein fand.
Doch statt nun aber gleich in Ehren
Den Fisch in Ruhe zu verzehren,
Dacht er für sich: Potztausend auch!
Was soll ein Fisch allein im Bauch,
Wenn ich zu gleicher Zeit, parbleu,
Ein Fuhrwerk dort mit Fischen seh?

Schon schlich, vor Ungeduld ganz blass,
Der Wolf heran ans volle Fass,
Doch weil ja leider frischer Wind
Den Dieben selten wohlgesinnt,
So kam es, dass die Pferde jäh,
Als sie gewittert seine Näh,
In rasend schneller Galoppade
Dem Bösewicht enteilen. – „Schade!"

Knurrt' Isegrim jetzt mit Verdruss,
„Dass ich nun weiter hungern muss."
Das Fischchen nämlich unterdessen
Hat längst ein andrer aufgefressen.

Drum merke dir: „Es gilt im Land,
Dass stets ein Spatz in deiner Hand
Viel besser ist als – ohne Witze –
Die Taube auf der Kirchturmspitze."

Der Spatz und der Adler

Ein Spatz mit Worten und Gebärden
Einst prahlte ohne rot zu werden:
„Ich kann", so sprach er, „meine Lieben,
Viel höher als der Adler fliegen."
Alsbald des Spatzen Größenwahn
Dem Adler auch zu Ohren kam,
Da hielt er es wie jeder itz'
Zunächst für einen Spatzenwitz.
Der Sperling aber böse piept:
„Die Wette gilt, wenn es beliebt!"

So wird gleich in den nächsten Tagen
Der Wettstreit wirklich ausgetragen.
Sofort beim Start versteckt der Spatz
Sich in des Adlers Federnlatz
Und fliegt mit ihm, „Herrgott! O je!",
In großen Kreisen in die Höh.

Als nun die Luft wird dünn und dünner,
Kann auch der Adler höher nimmer.
Der Spatz jedoch, das ist kein Scherz,
Fliegt jetzt alleine himmelwärts.
Doch plötzlich kriegt er Atemnot
Und fällt und fällt und ist bald tot.

„Den Kern, mein Sohn, von der Geschicht'
Vergiss in deinem Leben nicht:
Wer höher steigt, als er wohl sollte,
Der fällt stets tiefer, als er wollte."

Der Fuchs und die Hasen

Ein Fuchs, vom Hunger fast gelähmt,
Zernagte einstmals frischen Mohn,
Da lag er plötzlich vollgedröhnt
In einer Halluzination.
Kaum aufgewacht, denkt er bei sich:
Dies Zeug kann helfen mir beim Jagen!
Schnell sammelt er allabendlich,
So viel wie er im Maul kann tragen.
Dann springt er gleich ins Hasenreich
Und ruft: „Ich will kein Blutvergießen!
Mit diesen Früchten sollen gleich
Jetzt Fuchs und Hasen Frieden schließen!"

Die Hasen ohne Zeitverlust
Ganz arglos haben Mohn gegessen,
Doch dann im Traum der Sinneslust
Hat sie der schlaue Fuchs gefressen.

Drum merke: „Gibt dir jemand Drogen,
Und sei es selbst dein bester Freund,
Dann wirst auch du von ihm betrogen,
Und er ist jetzt dein ärgster Feind."

Das Krähennest

Einst lag verborgen im Geäst
Des Eichenbaums ein Krähennest,
Darin zog fast wie jedes Jahr
Die Jungen auf ein Krähenpaar.
Doch hatt' ein Sturm, so wurd' berichtet,
Das Nest gar übel zugerichtet,
So dass bei jedem Wind fortan
Das Krähenhaus fuhr Achterbahn
Und manchmal fehlte auch nicht viel,
Dass alles fast zu Boden fiel.

Tagtäglich bat darum die Krähe
Den Gatten, dass er endlich gehe,
Um wenigstens die Zeit zu nützen
Das Nest mit Zweigen abzustützen.
Doch immer sprach er: „Keine Sorgen!
Dies bisschen Arbeit mach ich Morgen."

Nun hat, man sieht, wie so was geht,
Des Nachts erneut ein Sturm geweht.
Am nächsten Morgen in der Früh'
War drum das Krähennest perdu,

Und unten unterm Eichenbaum
Lag tot der Krähen Lebenstraum.

„Drum, was du heute kannst besorgen,
Das mache gleich und nicht erst morgen,
Dieweil sonst die Gefahr besteht,
Dass es am Morgen nicht mehr geht."

Der Fuchs und der Igel

Es sonnte sich auf einem Hügel
Zur Mittagszeit ein alter Igel.
Schon kam vom Wald ein Fuchs getrottet
Und hat den Stachelpelz verspottet:

„Ihr Igel", fing er an zu sprechen,
„Ihr seid doch hässlich zum Erbrechen
Und außerdem noch blöde Affen,
Weil ihr im Frieden geht in Waffen.

Sieh her! Ich trag, um nicht zu schwitzen,
Ein Sommerkleid statt Nadelspitzen."
Als nun, noch während er so sprach,
Der Fuchs sich nähert' allgemach
Und ganz natürlich solchermaßen
Mit einem Fuchs ist schlecht zu spaßen,
Da rollte sich zur Sicherheit
Der Igel in sein Nadelkleid.
Der Fuchs wurd' ärgerlich indessen,
Denn hier verschwand sein Mittagessen
Und gleichsam in dem Augenblick
Kehrt' seine Bosheit auch zurück.
„Verdammter Feigling!", schnaubte er,
„Ich werd dir zeigen, wer der Herr!
Du kriegst für deinen Fluchtversuch
Zur Strafe meinen Stallgeruch!"

Kaum hebt in dummer Arroganz
Der Fuchs zum Pinkeln seinen Schwanz,

Da knallt es fürchterlich – wumm, wumm –
Der Fuchs fällt auf der Stelle um.

Dem Igel aber bleibt vor Schreck
Im Nachhinein die Spucke weg,
Dann seufzt er leise vor sich hin:
„Wie gut, dass ich so hässlich bin,
Drum bin ich selbst aus nächster Nähe
Für Menschen keine Jagdtrophäe."

„Für dich mein Sohn", spricht Pointer jetzt,
„Die Fabel hier ein Zeichen setzt,
Denn eins steht fest auf dieser Welt:
Der Hochmut kommt, bevor man fällt."

Die Fähe und ihr Welpe

Die Fähe sich bei Tag und Nacht
Um ihre Welpen Sorgen macht'.
Trotzdem war einer ihrer Brut
Ein Taugenichts und Tunichtgut,
Denn während sie die andern lehrte,
Das, wie man fängt und sich ernährte,
Ja selbst, wenn sie ganz ohne Klagen
Gab Antwort auf die dümmsten Fragen,
Und auch, wenn sie zu guter Letzt
Erklärte, wie man Hasen hetzt,
Dem Jüngsten war das ganz egal,
Er maulte nur, ein andermal.
Doch später hatte er bewusst
Zum Lernen wieder keine Lust.

So kam's, als er erwachsen war,
Dass ihm die Beute wurde rar,
Denn weil er nichts gelernt im Leben,
Litt er von nun an Hunger eben.

Zwar lernt, das ist der Fabelkern,
In seiner Jugend keiner gern,
Doch wer nichts lernt als junger Herr,
Der lernt's im Alter auch nicht mehr.

Der Freiheitskampf der Schafe

Die Knechtschaft gilt zwar überall
Bei Mensch und Tier als Sündenfall,
Doch leider bleibt sie trotz und dem
Selbst heute noch ein Kernproblem:
Weil erstens nur Karriere zählt
Und zweitens oft Courage fehlt.
So duckt zum Beispiel sich ein Schaf
Gewohnheitsmäßig schon im Schlaf
Und beugt den Kopf bereits voll Schrecken
Beim Anblick eines Hirtenstecken.
Deshalb sind Schafe immer Knechte,
Befreit von Pflichten, ohne Rechte.
Ja selbst der Nachwuchs dieser Toren
Wird noch in Sklaverei geboren.

Doch eines Tags ein junger Bock
Beschnuppert seines Hirten Stock,
Besieht sich Herrn und Hund dazu
Und meint für sich: Wieso? Nanu!
Kann dieser Mensch hier ganz allein
Von so viel Schafen Herrscher sein?
Wir haben Wolle, Fleisch und Milch
Und all das stiehlt uns dieser Knilch.
Dann spricht er laut zu seinen Schafen:
„Hört endlich auf im Kot zu schlafen!
Nur Einigkeit und starker Willen
Kann unsren Durst nach Freiheit stillen.
Drum wollt ihr mich zum Führer küren,
Werd ich euch aus der Knechtschaft führen."

Die Schafe alle Beifall zollen,
Denn er ruft aus, was alle wollen.
Schon kurz danach – gesagt, getan –
Enthüllt er ihnen seinen Plan:
„Gemeinsam und zur gleichen Zeit,
Auf mein Kommando ist's soweit,
Dann müsst ihr, ohne zu verschnaufen,
In jede Himmelsrichtung laufen.

Als dann, wie's leider oft geschieht,
Der Bock das Zeichen gibt und flieht,
Hat irgendwer ihn schon verraten,
So dass bereits die Hunde warten,
Und er allein auf freiem Feld
Für eine gute Sache fällt.

Drum merk dir eins: „Der wahre Held
Bleibt oft auf sich allein gestellt,
Weil allzu viele Kreaturen
Sind erstens falsch und zweitens Huren."

Der Hahn und der Pfau

Es krähte täglich in der Früh
Ein stolzer Hahn sein Kikriki!
Und kurz danach sah man die Hennen
Schnurstracks in seine Richtung rennen,
Um ganz devot zu seinen Füßen
Die Morgensonne zu genießen.
Nun zog dereinst mit seiner Frau
Auf diesen Hühnerhof ein Pfau,
Der schlug bereits am ersten Tag
Just zur Begrüßung gleich ein Rad.

Als die verdutzte Hühnerschar
Voll Staunen dieses Festkleid sah,
Vergaßen alle auf der Stelle
Den Hof, den Hahn und die Appelle.
Seitdem blieb stets beim Kikriki
Der Gockel ohne Federvieh.

Drum sprach er schließlich voller Neid:
„Mein lieber Pfau, es tut mir leid,
So sehr dein Kleid dich jetzt auch ziert,
Man zeigt so was nicht ungeniert,
Denn mancher wurd' hier schon bei Nacht
Um alles Hab und Gut gebracht."

Der Pfau befolgte in der Tat
Des falschen Freundes „guten" Rat
Und ist, weil er zur Angst erzogen,
Am selben Tag noch weggeflogen.
Des Hahnenschrei jedoch seitdem
War dreifach lauter als vordem,
Bis jemand sagt sich ganz genervt,
Dieweil er sein Gewehr entschärft:

„Was halt zu viel ist, ist zu viel."
Dann macht es: rumms! – und es ist still.

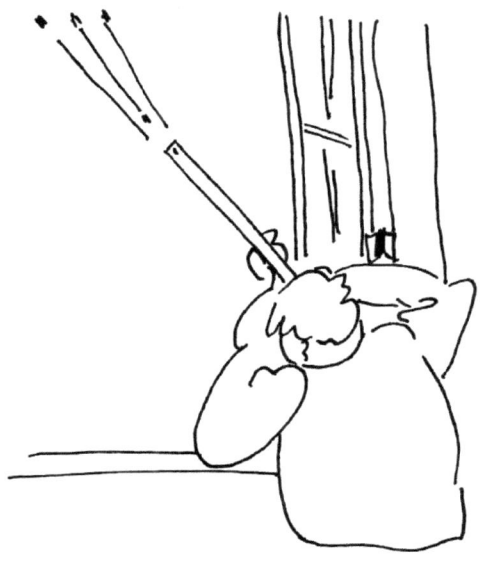

Gar manchen stört der kleinste Schiet
Auf seines Nachbarn Augenlid,
Jedoch im eigenen Gesicht,
Da sieht man oft den Balken nicht.

Von so viel Weisheit ganz beglückt,
Bin ich am Ende eingenickt.
Damit es aber, apropos!
Dem Leser geht's nicht ebenso,
Hab ich teils scherzhaft pointiert,
Hier manche Fabeln illustriert.

Doktor Pointer

Epilog

Für Fabeln, gute Fabeln konnte der Autor sich von jeher begeistern. Äsop, Phaedrus, Leonardo da Vinci, La Fontaine, Gellert, Lessing, Goethe und Krylow, um nur einige zu nennen, sie alle haben Fabeln geliebt, übertragen und erdichtet, die vor allem dem Zwecke dienten, allgemeine moralische Grundsätze anschaulich zu demonstrieren. Dieses Buch stützt sich vor allem auf die Fabeln Äsops, von Phaedrus neugestaltet, erschienen in deutscher Übersetzung im Reclam Verlag (1975) und auf *Sämtliche Fabeln der Antike,* die im Anaconda Verlag (2011) veröffentlicht wurden. In dieser Bearbeitung hat der Autor aber bewusst eine wortgetreue Wiedergabe in rhythmischer Prosa vermieden und eine lediglich sinngemäße, gereimte Übertragung vorgezogen. Außerdem ließ er alle Fabeln unberücksichtigt, die politische oder mythische Inhalte der Antike enthalten, weil der Sinn dieser Dichtungen heute ohne spezielle Hintergrundinformationen und Kenntnis der griechischen Götterwelt nicht mehr verstanden wird. Zudem überging er, fußend auf der Lessing'schen Abhandlung vom Wesen der Fabeln, auch alle allegorischen und zusammengesetzten Fabeln. Ansonsten jedoch hat er sich bemüht, sich stets der Ermahnungen dieses großen deutschen Dichters zu erinnern, so dass er ausschließlich „einfache Fabeln", deren Sinn die Verdeutlichung eines allgemein gültigen Lehrsatzes ist, bevorzugte. Aber er wollte zugleich diese Einfachheit im Sinne Lessings verbinden mit dem Vorbild La Fontaines, ohne diesen erreichen zu können, und hat so versucht auch die deutsche Übersetzung der Fabeln „zu einem anmutigen, poetischen Spielwerke zu machen." Auf keinen Fall möchte er aber mit seiner Darstellung die Literaturkritiker, Philosophen und Rhetoriker beeindrucken, sondern er wünscht mit diesem Buche vor allem die Jugend zu erreichen. Allein aus diesem Grunde entschied er sich für die Versform, weil er meint, dass Reime auf Kinder nachhaltiger wirken als Prosa. Hierbei musste er auf „lyrische Ergüsse" und wortreiche

Ausschmückungen vieler Fabeldichter verzichten, um in diesem Fabelbuch das antike Paradigma der Fabeln, „jene zierliche Kürze in Versen" (Lessing) zu erreichen. Insgesamt wurden daher alle in diesem Buch ausgewählten Fabeln von ihm neu, annähernd sinngemäß gestaltet. Die Fabeln 55 bis 73 sind von ihm selbst entweder erdacht oder bewusst so umgearbeitet worden, so dass hierdurch noch fehlende, ihm wichtig erscheinende moralische Lehrsätze ergänzt werden konnten. Zu guter Letzt entschloss der Autor sich dann, die Fabeln zusätzlich illustrieren zu lassen. Nach langer intensiver aber vergeblicher Suche einen geeigneten Künstler zu finden, der die Fabeln durch Karikaturen aufzulockern vermochte, griff er endlich selbst zum Zeichenstift. Die biologisch versierten wie die künstlerisch erfahrenen Leser mögen ihm deswegen manchen Fehler seiner teilweise unbeholfenen Federstriche verzeihen. Für die von ihm verwendete einfache Darstellung sowie vor allem für die von ihm gewählte Kürze gehörte seiner Ansicht nach ein einfacher, auf alles schmückende Beiwerk verzichtender Strich. Er hofft deshalb, dass es ihm trotzdem in Wort und Bild gelungen ist, den Weg zum Herzen der Jugend zu finden.

Inhalt	Seite
1 Das Rotkelchen	8
2 Der Frosch und der Ochse	9
3 Der Wolf und der Kranich	12
4 Die Grille und die Ameise	16
5 Der Fuchs und die Trauben	19
6 Der Wolf und das Lamm	22
7 Der Fuchs und der Rabe	25
8 Das ungehorsame Lamm	28
9 Die stolze Krähe und die Pfauen	31
10 Der Prahlhans	34
11 Der Fuchs und der Storch	36
12 Die Weihe und die Tauben	39
13 Die Esel und die Räuber	42
14 Der Fuchs mit dem verlorenen Schwanz	44
15 Der Hirsch an der Quelle	45
16 Die Grille und die Eule	47
17 Der habgierige Hund	50
18 Die Diebe und der Esel	52
19 Die Stadtmaus und die Landmaus	55
20 Die Eiche und das Schilfrohr	58
21 Der Rat der Ratten	60
22 Der Kampf der Mäuse und der Wiesel	63
23 Die Fledermaus und die zwei Wiesel	64
24 Der Löwe und die Mücke	67
25 Die Fliege und die Ameise	71
26 Die zwei Esel	72
27 Der Affe und der Delphin	75
28 Die Maus, der Hahn und der Kater	79
29 Der Eber und der Fuchs	83
30 Die Hündin und ihre Freundin	84
31 Die Frösche forderten einen König	86
32 Der unzufriedene Pfau	89
33 Die Frösche und der Kampf der Stiere	91
34 Der Schuster als Arzt	92
35 Der alte Wolf	94

Inhalt	Seite
36 Der treue Hund	96
37 Der Bauer und der Fuchs	98
38 Der Löwe und die Maus	99
39 Die Frösche an den Sonnengott	103
40 Der Wolf und der Hund	106
41 Der Panther und die Hirten	109
42 Der Affe als König	113
43 Der Thunfisch und der Delphin	116
44 Der Löwe und der Fuchs	118
45 Der Hahn in der Sänfte	119
46 Die Krähe und der Ziegenbock	122
47 Die Gans, die goldene Eier legte	124
48 Der Hirsch im Weinberg	125
49 Der Bauer und die Schlange	127
50 Der Wolf und die Schafherde	128
51 Der Schuldner und sein Schwein	132
52 Der Bauer und seine Söhne	134
53 Der Löwe und der Esel	137
54 Der Fuchs und der Ziegenbock	138
55 Der Affenkaiser	141
56 Der geschwätzige Spatz	144
57 Der Löwe und der Fuchs	148
58 Der Esel und die Krähen	151
59 Der Löwe, der Wolf und der Bär	155
60 Der Fuchs und der Gänserich	158
61 Der Fuchs mit dem Blähbauch	160
62 Der Fuchs und der Hahn	161
63 Der Fuchs und der Dachs	163
64 Das Frettchen und der Fuchs	166
65 Der Wolf und der Fuchs	169
66 Der hungrige Wolf	171
67 Der Spatz und der Adler	174
68 Der Fuchs und die Hasen	177
69 Das Krähennest	179
70 Der Fuchs und der Igel	181

Inhalt	Seite
71 Die Fähe und ihr Welpe	184
72 Der Freiheitskampf der Schafe	186
73 Der Hahn und der Pfau	190
Epilog	195
Der Autor	199

Der Autor

Der Autor wurde im August 1939 völlig überraschend als Sohn eines Kaufmanns in Hagen geboren. Kaum hatte sich die erste Enttäuschung über sein Geschlecht gelegt, denn seine Eltern wünschten sich sehnlichst eine Tochter, war wegen äußerer Umstände sowie wegen seiner schwächlichen Gesundheit Eile geboten und man taufte ihn notfallmäßig auf den Namen Manfred. Als Vierter von Sechsen schon bald an Hiebe und Tritte gewöhnt, fand er früh den kurvenreichen Pfad des geringsten Widerstandes und wurde so nach dem frühen Tod der Mutter der Schrecken ständig wechselnder Hausdamen, bis man ihn schließlich als hoffnungslosen Fall der lieblosen Atmosphäre eines Internates anvertraute. Dort auf dem kargen Boden der Disziplin, erblich belastet mit einiger Intelligenz, durchdrungen von einem festen Willen, ausgestattet mit reichlich Phantasie und ausgiebig versehen mit der Gabe des letzten Wortes, erkämpfte er sich gegen die erklärten Wünsche eines ungerechten und humorlosen Lehrkörpers das Abitur und studierte anschließend in Göttingen und Berlin Medizin, ehe es ihn, frisch verheiratet, nach Approbation und Promotion ins westfälische Unna verschlug. Hier sammelte er erst als Assistenz-, dann als Oberarzt eines Krankenhauses, später als Internist in eigener Praxis und als Vater zweier Kinder reichlich Erfahrungen, die er unter dem Pseudonym, Doktor Pointer, seiner Leserschaft in seinem *Medizynischen Tagebuch* weitergegeben hat. Da er sich außerdem in seiner Freizeit intensiv mit dem Studium der frühen römischen Kaiserzeit beschäftigte und mehrere Bücher über die Varusschlacht schrieb, entdeckte er gleichzeitig wieder seine Liebe für Latein und besonders für die Fabeln Äsops, die von Phaedrus neugestaltet wurden. Doch ihn störte, dass die deutschen Übersetzungen es sowohl an gereimten Versen wie vor allem auch an der Kürze des Ausdrucks fehlen ließen. Bewusst hat er deshalb daran gearbeitet, durch eine einfache Ausdrucksweise – in Verbindung mit einem auflockernden, leichten Strich – besonders die junge Leserschaft zu erreichen, damit wenigstens einige der wichtigsten alten Lehrsätze auf Dauer in ihrem Gedächtnis haften bleiben.

Unna, Mai 2019

                    Doktor Pointer